Reise durch

SPANIEN

Bilder von

Jürgen Richter

Texte von

Andreas Drouve

Stürtz

INHALT

Erste Seite:
Gefährliche Hörner, massiger Körper – ein Stier wie aus dem Bilderbuch! Als Werbegestelle des Sherrygiganten Osborne sind Spaniens Stiere an vielen Straßen präsent.

Vorherige Seite:
Zu den steten Überraschungen einer Reise durch Spanien zählen

ie malerischen Dörfer nit ihren kalkweißen assaden, wie hier in Aontefrío.

Unten: *Fischfang ist in Spanien ein hartes Handwerk geblieben.*

Fischerstimmung lässt sich in vielen Häfen schnuppern, hier in Torrevieja.

Seite 10/11: *Als Wunderwerk aus Säulen und Bögen zeigt sich Córdobas große Moschee, die Ende des 8. Jahrhunderts begonnen wurde. Trotz späterer architektonischer Eingriffe durch den spanischen Klerus spürt man beim Gang durch die Mezquita noch heute morgenländischen Geist.*

E S P A Ñ A –

Was wäre Spanien ohne seine Bars, ohne seine Ausgehkultur mit Vino und Tapas? Kneipen sind soziale Zentren, in denen man über Gott und die Welt und König Fußball diskutiert. Und im alkoholischen Umfeld brodelt die Stimmung, ob – wie hier – in Alicante oder andernorts.

Noch zwei Minuten. »Es ist immer wieder irre«, sagt Tuka, »du weißt, alles ist nur ein paar Meter breit und du rennst da mit den Stieren durch.« In den Gassen Pamplonas steht die Kühle des Morgens, die Spannung steigt, Läuferlawinen wogen hin und her. Die letzten Sekunden. Drei, zwei, eins, das Koppeltor springt auf. Ein Böller, tausend Schreie – die Stiere sind draußen, der »encierro« beginnt! Schwarze Kolosse schießen geradewegs auf die Massen zu, kommen nah und näher, bedrohlich hallt ihr Hufschlag über das Pflaster. Aufgebracht sprinten »mozos« davon, junge Männer in rot-weißer Tracht, die ihr nacktes Leben gegen sechsmal zwölf Zentner Kampfstier setzen und vor einem Dutzend messerscharfer Hörner retten – unter perlendem Angstschweiß und schäumendem Adrenalin. Beim Rennen und Keuchen kehren sie ihren Machismo heraus, retten sich mit Hechtsprüngen in die Gosse und bleiben flach liegen, die Arme über dem Kopf verschränkt. Einen hat's erwischt. Fotografen und Kamerateams halten gnadenlos drauf, Rot-Kreuz-Engel schweben heran und freuen sich über Arbeit.

FIESTARAUSCH UND »CHRISTLICHE MAFIA«

Bilanz des heutigen Stier- und Menschengalopps durch die Altstadt: zwei Schwer- und 60 Leichtverletzte, ein müder Durchschnittswert, der dem ganz normalen Wahnsinn bei den Fiestas de San Fermín entspricht. Alljährlich zwischen dem 6. und 14. Juli ist Navarras Hauptstadt Pamplona Schauplatz von Spaniens größter Fiesta, inklusive tägli-

chem Stiertreiben Glockenschlag acht Uhr. In einem 204stündigen Festmarathon setzen Trink-, Tanz-, Musik- und Lärmeslust Energien bis zum Umfallen frei und erreichen bei Dezibel und Promille ungeahnte Pegelausschläge. Und das alles in einer Stadt, die zu den landesweit konservativsten zählt! Klingt sonderbar, fußt jedoch auf den Einflüssen des Opus Dei, jener dubiosen Gemeinschaft mit dem Beinamen »christliche Mafia«. Einem Kraken gleich, hat das Opus Dei in Pamplona seine Fangarme ausgebreitet, unterhält seit den Gründerzeiten eine große Universität, saugt kommende Führungskräfte an und wirft sie – entsprechend beeinflusst, versteht sich – ins Meer der spanischen Politik, Medizin, Justiz und Wirtschaft. Ganz wie zu Francos Zeiten, als der Diktator die Universität »staatlich anerkannte«. Ein totalitäres Gütesiegel, das unverändert Bestand hat.

LAND DER GEGENSÄTZE

Pamplona zwischen Fiestataumel und erzkatholischer Starre – größer könnten die Unterschiede kaum sein. Ein Spanienbild, das bezeichnend ist für dieses 500 000-Quadratkilometer-Land mit all seinen Widersprüchen, seinen vier offiziellen Sprachen (Spanisch, Galicisch, Baskisch, Katalanisch), dem 40-Millionen-Menschen-Gemisch und Landschaften, in denen man am selben Tag verdursten und erfrieren kann. Was natürlich nicht sein muss, aber in den Halbwüsten Almerías und den Gletschern der Pyrenäen kein Problem ist. In der langen Reihe der Kontraste stehen die 130 Regentage des Nordens den über 300 sonnigen Tagen im Süden gegenüber, auf der Kanareninsel Teneriffa reicht das in jeglicher Hinsicht krasse Gefälle von Meereshöhe bis zum 3718-Meter-Gipfel des Teide. Picken wir als Beispiel für gegensätzliche Gesichter die kastilisch-leonesische Kathedralstadt Burgos heraus. Auf Plätzen und Promenaden der City schwärmt die unbändige Jugend aus, während ein paar Kilometer weiter am Stadtrand ein paar Hand voll Kartäuser in den Eremitenzellen ihres Miraflores-Klosters am irdischen Dasein vorbeileben. Versunken in die persönliche Einheit mit Gott, von der Welt vollkommen entfremdet und mit dem strikten Schweigegebot ihres Ordens belegt. Ohne Zeitung, ohne Radio, ohne Fernsehen, ohne Ansprache von außen – es sei denn, eine gute Seele trägt ihnen zu, dass gerade das Auto erfunden, der Bürgerkrieg aus, Franco tot und Spanien Mitglied der EU ist.

VOM HOMO ANTECESSOR BIS ZU DEN MAUREN

Die Wurzeln spanischen Menschengedenkens reichen 800 000 Jahre zurück, als der Homo antecessor die Halbinsel durchstreifte; die sterblichen Reste jenes Neandertaler-Urahns hat man östlich von Burgos in der Sierra de Atapuerca zu Tage gefördert.

Im vor- und frühgeschichtlichen Spanien des Mittelmeerraums bekommt man es mit den Iberern zu tun, den Namensgebern der Iberischen Halbinsel und der Verspätungs-Airline Iberia, die immer pünktlich zur Urlaubszeit streikt. In der Mitte des ersten vorchristlichen Jahrhunderts war die Kultur der Iberer voll ausgeprägt; sie kannten die Töpferscheibe und eine 28 Zeichen umfassende Schrift, entwickelten sich durch Kontakte mit Griechen und Phönikern weiter und gingen zu römischen Herrschaftszeiten unter. Die Römer drückten Spanien 600 Jahre ihren Stempel auf, legten Heeresstraßen und Aquädukte an, betrieben Wein-, Oliven- und Weizenanbau und lieferten spanisches Gold in ihren heimischen Stiefel. Auf Intermezzi von Sueben, Alanen, Vandalen und Westgoten folgten 711 die Mauren, die bis zu ihrer Vertreibung 1492 blieben. Sie kamen über die Straße von Gibraltar, nutzten einen Nachfolgestreit unter den Westgoten aus, nahmen weite Landesteile in Beschlag und legten im Namen Allahs blühende Kulturlandschaften an. Der Widersinn der Geschichte zeigt auf, dass Spanien im Zuge der Reconquista seine Glaubensfeinde mit aller Härte bekriegte, ihr prächtiges kulturelles Erbe heute aber in klingende Münze umsetzt. Orientalische Prunkbauten wie die Mezquita von Córdoba und die Alhambra von Granada – Zeugnisse von Vertriebenenkunst – sind aus PR-Prospekten Andalusiens nicht wegzudenken.

DIE WELT- UND KOLONIALMACHT SPANIEN

Spaniens neues Zeitalter beginnt 1492: Abschluss der Reconquista, Vertreibung von Juden und Mauren, Einfall in die »Neue Welt« dank Christoph Kolumbus. Innerhalb von wenigen Jahrzehnten schwingt sich Spanien zur Welt- und Kolonialmacht auf, löscht auf der anderen Seite des Teiches Azteken und Inkas aus, schmilzt die Golddekorationen ganzer Tempel ein, versklavt alles, was

Wie Zahnreihen stechen sie in den Himmel über das ostandalusische Vélez Blanco: die Zinnen des örtlichen Kastells. Mit dem Berg La Muela im Hintergrund hält die Natur nicht minder Eindrucksvolles bereit.

zwei Beine hat, und schickt Millionen von Indios in Stollen, auf Zuckerrohrfelder und in den Tod. Derweil überzieht man im Mutterland die Hochaltäre in Kirchen mit frisch geliefertem Silber und Gold aus den Kolonien, wahrt mit der Inquisition die innere politische Einheit und fühlt sich stark genug für Kriege an allen europäischen Fronten. Eine Rechnung, die auf Dauer nicht aufgeht. Beflügelt vom eigenen Größenwahn und in überkommene Machtstrukturen von Adel und Klerus verstrickt, stürzt Spanien ab und blutet aus – ein gefundenes Fressen für Dichter wie Cervantes, der seinem Antihelden Don Quijote eine »traurige Gestalt« gibt und ihn Windmühlenflügel attackieren lässt.

ABSTIEG OHNE ENDE

In der Zeit seines Militärdienstes nimmt Cervantes an einem der letzten großen Siege der Spanier teil: an der Seeschlacht von Lepanto gegen die Türken (1571). Danach ist's mit der Herrlichkeit vorbei. Die Unbesiegbare Armada versinkt (1588), in den Niederlanden und Italien häufen sich militärische Schlappen, fernab der neuen Hauptstadt Madrid ruft Katalonien seine Unabhängigkeit aus (1640), die Grafschaft Roussillon fällt an Frankreich (1659). Selbst in der eigenen Heimat büßt Spanien Terrain ein. Man verliert Gibraltar an die Briten (1704), sieht 1808 den Einmarsch der Truppen Napoleons, wehrt sich sechs lange Jahre seiner Haut, gewinnt das Land aus den Händen der französischen Besatzer zurück – und kann aus der Ferne die Unabhängigkeit der Kolonien nicht stoppen. 1819 glaubt Spanien an den großen Deal, um seine Finanzen zu sanieren. Man verkauft Florida an die USA, ein »Wahnsinnsgeschäft« im wahrsten Wortsinn. Im Fortlauf des 19. Jahrhunderts bleibt die industrielle Revolution meilenweit hinter Vorreiterstaaten wie England zurück und beschränkt sich vornehmlich auf die Randregionen Katalonien und Baskenland – die allerdings fühlen sich in ihrer Fortschrittlichkeit von der Zentralmacht Madrid unterdrückt. Was erklärt, warum es bis heute brodelt und gärt.

UNRUHIGE ZEITEN

Zu Beginn des 20. Jahrhunderts eskaliert die Gewalt. Das unmündig gehaltene Volk begehrt auf, die Wirtschaft siecht dahin, Adel und Klerus sorgen sich um ihr Ansehen und suchen Beistand beim Militär. Auf die von König Alfons XIII. genehmigte Militärdiktatur des Miguel Primo de Rivera (1923–1930) folgen kurze Jahre der Republik (1931–1936) und das lange Leid des Bürgerkriegs (1936–1939). Hunderttausende von Spaniern sterben, Francisco Franco reißt die Macht an sich und gibt sie erst mit seinem Löffel ab: am 20. November 1975. Zu jener Zeit haben Tourismus, Industrien und Immobilienspekulation Einzug gehalten in España, verdienen Unmengen an Josés und Franciscos ihr Geld als Gastarbeiter in Mitteleuropa, hat die Terrororganisation ETA begonnen, gegen das Regime zu bomben.

ERFOLGREICHER NEUBEGINN

Ende 1975 beginnt der Start in ein neues politisches Leben, dem Willen Francos gemäß zunächst mit einer Monarchie und Juan Carlos I. als gekröntem Haupt. Als neuer König erkennt der Enkel Alfons des XIII. die Zeichen der Zeit, verspricht den Spaniern Demokratie und hilft tatkräftig und erfolgreich mit beim Wandel. Die ersten freien Parlamentswahlen gewinnt der gemäßigte Adolfo Suárez (1977), die Jahre 1978–1979 bringen eine neue Verfassung und Autonomiestatute, 1982–1996 halten sich die Sozialisten unter Felipe González am politischen Ruder, bei den Wahlen 1996 und 2000 hat die konservative Volkspartei (Partido Popular) unter José María Aznar die Nase vorn. Problem bleibt der ETA-Terrorismus, mit dem jugendliche Splittergruppen ihre eigenen Realityshows schaffen.

Nach dem Beitritt zur NATO (1982) und der Vollmitgliedschaft in der EU (1986) ist Spanien seit 2002 Euro-Land. Ein Land im Wandel, das zu Beginn des 21. Jahrhunderts einen riesigen Wirtschaftsaufschwung erlebt, im Tourismusgeschäft Jahr für Jahr die eigenen Rekorde bricht und seine Zugkraft mit neuen Kulturpolen verstärkt hat. Beste Beispiele sind Frank O. Gehrys futuristisches Guggenheim-Museum in Bilbao, das mehr als eine Million Besucher pro Jahr anlockt, und das brandneue Wissenschaftsmuseum Príncipe Felipe in Valencia, ein Werk von Stararchitekt Santiago Calatrava.

Viele Mallorca-Reisende rühmen die malerischen Seiten der vollkommen zu Unrecht in Ballermann-Verruf geratenen Insel. Besonders schön: die Cala de S'Armonia bei Santany.

MODERNE EINFLÜSSE MITTELEUROPAS

Spanien ist »wieder wer« in der Welt, das historische Trauma – Absturz einer Kolonialmacht ins Nichts eines besitzlosen Bauernstaats – scheint überwunden. Auf sonderbare Art hat das Land begonnen, sich neu zu entdecken, steckt mitten im Strudel eines nie dagewesenen Profit- und Konsumdenkens und ist dabei – in die Fänge von EU und Euro verstrickt – von einer Woge befremdlicher Normen und Regeln überrollt worden. Gerade so, als habe man in Brüssel die Devise ausgegeben: »Erzieht die hinter den Pyrenäen mal zu guten, disziplinierten Europäern!« Was zur Folge hat, dass España so manch Althergebrachtes zu verlieren droht. Gut, Plätze, Parks und Promenaden sind populäre Treffs geblieben (und werden es in Zukunft sein), doch einen Block weiter muss die Kneipe behördlicherseits früher schließen und setzt es saftige Strafmandate für Parker in der zweiten Reihe. Bis vor kurzem hätte sich das Ganze unter dem Motto »Ich raus, du rein« mit dem Hupkonzert des Richtig- und dem postwendenden Ansturm des Falschparkers kollegial geregelt. Es sei denn, er saß gerade in der nächsten Pinte.

Weder Knöllchen noch frühere Kneipenschließzeiten (vor Jahren undenkbar!) noch madengefüllte Biotonnen haben die spanische Lebenslust bremsen können. Und den politischen Wie-zieht-man-dem-Bürger-das-Geld-aus-der-Tasche-Strategien begegnet man mit einer verschärften Form des Nationalsports Steuerhinterziehung. »Así de fácil«, so einfach ist das. Basta.

NEUER SIEGESZUG DES SPORTS

Apropos Sport. Hier hat Europa, hier hat der Jakobsweg, hier haben rundum TV-vermarktete Idole wie Radrennprofi Miguel Induráin auf ihre Weise Schub gebracht. Der im deutschen Liedgut verankerte Bewegungsdrang »Müllers« war unter Spaniern unbekannt, das Wandern von chronischer Unlust geprägt, noch zu Beginn der 1990er Jahre war man als Radler Sattel-Exot. Für »Wandern« gab es nicht einmal ein richtiges Wort. Heute sind Spaniens Wandervögel flügge geworden und mit ihnen all die Mountainbiker, Golfer, Paraglider, Drachenflieger und Canyoning-Fans. Urplötzlich

Den Maßstab von »Normalität« muss man bei vielen spanischen Fiestas ablegen. Zu den Paradebeispielen zählt die »Tomatina« von Bunyol, Provinz Valencia, bei der sich die Teilnehmer Ende August mit Tausenden Kilo Tomaten bewerfen.

boomt der Drang zum Sport in freier Natur, in Buchhandlungen biegen sich die Regale unter »Fit for fun« durch, »Wandern« hat man – etwas kompliziert zwar, aber immerhin – »hacer senderismo« getauft und im besten Eifelvereinsstil erste Wege markiert. Aus vormals puren Küstenbesuchern sind »grüne Touristen« geworden, die ihr eigenes Inland nach Herzenslust abgrasen. Und weil dem so ist, steht der sprunghaften Nachfrage ein Angebot von Tausenden Landhäusern (casas rurales) gegenüber – herrliche Unterkünfte mitten in der Natur, rustikal und relativ preiswert. Der Rundum-Service der »casas rurales« reicht vom Pool bis zum eigenen Fahrradverleih, Vermieter haben »Wander-Geheimtipps« zur Hand und schicken ihre Gäste auf alte, von Zweibeinern unausgetretene Pfade der örtlichen Schafherden.

Die Erkenntnis, welch ungewohntes Gratis-Erleben all die Wiesen, Berge und Wälder bieten, kam den Spaniern spät, aber sie ist gekommen. Eigentlich kein Wunder in einem Land, in dem private Sportclubs mit horrend hohen Beiträgen seit ehedem elitären Grüppchen vorbehalten sind und die staatliche Unterstützung des Sports gegen Null tendiert. Es sei denn, man will sich vor der Weltöffentlichkeit mal wieder auf die eigene Schulter klopfen und richtet Großereignisse wie die Olympiade von Barcelona (1992), die Ski-WM in Granada (leider ohne Schnee), die Leichtathletik-WM in Sevilla (1999) und die Weltreiterspiele von Jerez de la Frontera (2002) aus.

Unter Spaniens Sportmuffeln haben die kernig-rauen Basken stets die Ausnahme gebildet und bei ihrem »deporte rural« (Landsport) die seltsamsten Disziplinen gepflegt. »Trontzalariak« und »harrijasotzailes« zum Beispiel, was man weder auszusprechen noch zu erlernen braucht. Bei den »trontzalariak«-Wettstreiten zerlegen Zweimannteams soviel Holz wie möglich, während die »harrijasotzailes« im besten Obelix-Stil über 300 Kilo schwere Steinbrocken auf ihre fleischigen Schultern stemmen. Flink auf den Beinen sind die »pelotaris«, die ihre Gummibälle gegen die Wand schleudern – so ähnlich wie Squash, nur in größeren Hallen und mit der blanken Hand!

VON TINTENFISCHEN, GLASAALEN UND MÄNNERKOCHCLUBS

Wer soviel schwitzt, braucht reichlich Nahrung. In der Skala der Genussmenschen auf der Iberischen Halbinsel stehen die Basken obenan, verzehren mit Hingabe ihre »chipirones en su tinta« (Tintenfische in der eigenen Tinte), den »bacalao a la vizcaina« (Kabeljau in Fisch- und Paprikabrühe) und die »cocochas« (Kiemenbacken vom Seehecht). Hundertfach beäugt fühlt sich der, der eine Portion »angulas« bestellt, hauchdünne Glasaale, von denen man ein ganzes Schleppnetz voll bräuchte, um satt zu werden. Besser dran is(s)t man mit dem Megakotelett, »chuletón«, und dem »marmitako«, einem kräftigen Fischeintopf mit Kartoffel- und Tunfischstücken.

Viele Männer binden sich im Baskenland die Schürze um und spielen Heimchen am Herd. In zahlreichen Dörfern treffen sie sich in ihren Kochclubs, den »txokos«. Man lässt nichts anbrennen, kocht, palavert, trinkt und singt. Die Gemeinschafts- wird leicht zur Gerüchteküche, die Kost- zur Chorprobe. In manchen der »txokos« haben Frauen traditions- und satzungsgemäß keinen Zugang – Restinseln des Machismo im dritten Jahrtausend. Ansonsten haben sich Spaniens Frauen aus den Klauen der Männer befreit und verkrustete Strukturen aufgebrochen. Im Vergleich zu ihren modernen Vorkämpferinnen aus Mitteleuropa hinken sie allerdings noch ein, zwei Jahrzehnte hinterher.

DAS HARTE HANDWERK DER FISCHER

Basken, Asturier und Galicier gehören zu Spaniens großen Fischern. In örtlichen Wappen wie dem von Luarca taucht ein Wal auf und erinnert an die langen, gefährlichen Fahrten der Vorfahren. Vor Jahrhunderten verschlug es Nordspaniens »Käpt'n Ahabs« auf Wal- und Kabeljaufang bis an die Küsten Neufundlands, manche verschluckte für immer das Meer. Mit Tiefkühlschiffen schwimmt Spaniens Flotte mittlerweile auf der Welle der Moderne, doch das tägliche Handwerk ist hart und die Reisen sind weit geblieben. Sechs Monate fern der Heimat gehören für die Fischer zum Alltag, mal treiben sie vor Peru, mal dümpeln sie irgendwo vor Namibia. Und wer gerade Präsident geworden ist, erfahren sie über Funk.

Gespenstische Bilder gehen während der Karprozessionen um die Welt: Nazarenos, Büßer in langen Gewändern und spitzen Kapuzen, schieben sich durch die Menschenmassen in Sevillas Straßen.

Bei dererlei Jobs – ob Fischer oder Präsident – bleibt kein Platz für Spanien-Klischees wie das vom ewigen Siestaschläfer. Spanier bekennen sich zwar zum »Arbeiten, um zu leben« (und nicht umgekehrt), sind aber nicht weniger fleißig als andere und teilen ihre Tage anders ein. Morgens später aus den Federn, mittags lange Pause, abends länger munter, zwischendurch Savoir-vivre. Lieber einen Leberschaden vom Wein als eine Herzattacke vom Stress.

TRADITIONELLE KNEIPENGEFILDE

In spanischen Familien geht ein großer Teil des Monatsbudgets über den Gaumen, am Essen wird nie gespart. Weder finanziell noch zeitlich. Über die Nahrungsaufnahme hinaus ist das Speisen im familiären Kreis Diskussionsforum und gemütliches Zeremoniell – dass dabei leicht zwei Stündchen vergehen und man gegen den Lärm des unablässig laufenden Fernsehapparates anschreit, gehört zum Alltag. Man muss nicht alles verstehen in España.

Vor dem Sturm aufs Mittagsmahl geht es mit Vorliebe zu Häppchen (»tapas«) und »vino« in die Bar – und am Abend sowieso. Gewöhnungsbedürftig für Newcomer in Kneipengefilden ist der ausgebreitete Teppich aus Zahnstochern, Servietten, Olivenkernen und Kippen, der ein spezielles Gütesiegel aus Schmutz markiert. Mit der bewährten Erkennungsregel vor Augen »Je verschmutzter der Boden, desto besser die Bar«, sollte man vor allem in Städten wie Granada und León seine Blicke schärfen. Dort gibt es »tapas« gratis zu »vino« und Bier dazu. Und wo Spuren großen Zulaufs herrschen, begegnet man guten »tapas« auf Schritt und Tritt. Die »tapas«-Traditionen reichen ins Mittelalter und gehen – hier scheiden sich die Geister – entweder auf die Mauren oder auf König Alfons X. den Weisen zurück. Letztgenannter ordnete an, zu den Getränken auch Nahr- und Schmackhaftes aufzutischen, um dem sinnlosen Besäufnis vorzubeugen. Das leuchtet noch immer ein.

Geruchsintensiven Kneipenzuschlag »Marke Sohlenkleber« gibt es in Asturien, dem Reich des Apfelweins. Die »sidra« trinkt man frisch eingeschenkt und eiskalt, lässt ein Schlückchen im Glas, schwenkt um und kippt den Rest auf den Boden. Warum? Damit man den Altgeschmack auslöscht und rasch Platz für flüssigen Nachschub schafft.

IM STRUDEL DER FIESTAS

Der Spanier ist ein »homo fiesta«. Im Jahresdurchschnitt steigt alle paar Minuten ein Fest, bei dem man im Freuden- und Sangriastrudel treibt. Unterschiedlich wie die Anlässe sind Atmosphäre und Zubehör. Kostüme und Tanz wie in Rio beim Karneval auf Teneriffa, Trommelwirbel ohne Tanz beim »großen Trommeln« in Calanda (Ohrstöpsel mitbringen!), religiöse Inbrunst und Büßer in langen Tuniken bei den Karprozessionen von Sevilla, blumengeschmückte Ochsenkarren bei Andalusiens großer Wallfahrt nach El Rocío. Und immer wieder Patronatsfeste, bei denen jeder auf seine Art dem örtlichen Schutzpatron huldigt.

Ganz außer der Reihe bewegen sich Veranstaltungen wie die »Schlacht des Weins« am 29. Juni im riojanischen Haro und die Ende August terminierte »Tomatenschlacht« im valencianischen Bunyol. Die Munition bei »Batalla del Vino« und »Tomatina«? 70 000 Liter Wein und über 100 000 Kilo Tomaten. Gegner? Jeder Bespritz- und Bewerfbare. Tiefere Bedeutung? Fehlanzeige. Fazit: Nicht alles muss Sinn machen, Moralapostel bleiben am besten zu Hause. So wie bei den Fiestas de San Fermín von Pamplona. Entweder gar nicht oder ganz und mit Haut und Haar und mitten hinein. So wie Tuka. Er hat es mal wieder gepackt beim »encierro«, ist aber heute enttäuscht. Im Pulk der 3000 Läufer hat er vor lauter Menschen keine Stiere gesehen.

Seite 22/23:
Im Spanien von heute herrscht nicht mehr jene soziale Kluft wie vor einem halben Jahrhundert, doch die großen Landhäuser mit Windmühlen – hier in der Ebene von Sant Jordi auf Mallorca – haben sich erhalten.

Seite 24/25:
Cádiz nennt man die »älteste Stadt des westlichen Europas«. Aus den Gründerzeiten vor drei Jahrtausenden hat sich allerdings nichts Markantes erhalten. Heute wird die Silhouette der Altstadt von der 1722 bis 1838 erbauten Kathedrale geprägt.

P

ENTLANG DER KÜSTEN

Im nahen Hinterland von Lloret de Mar an der Costa Brava findet man noch stille Landhaus-Ansichten wie diese.

Über den schroffen Ufern hängt glasklares Licht, zwischen den Klippen öffnen sich tiefblaue Buchten, Steilflanken wechseln sich ab mit versteckten Stränden. Spaniens ungezähmte Ostküste, die Costa Brava, macht gleich hinter der französischen Grenze Appetit auf mehr – und enttäuscht die Erlebnishungrigen nicht.

In Barcelona, der fesselnden Mittelmeer-Metropole, spürt man Geist und Werken Antonio Gaudís nach, schießt mit dem Aufzug hinauf auf die Türme der Sagrada Família und flaniert nach Herzenslust über die pulsierendste Ader der Stadt, die Rambles. Kurs West-Südwest geht es von der Hafenstadt Barcelona an Gold- und Orangenblütenküste vorbei nach Valencia, wo sich beim riesigen Fallas-Volksfest im März seltsame Gebilde in Rauch und Flammen auflösen: Hunderte von Kolossalfiguren aus Holzgestellen und Pappmaché, eine Satireparade vom Fußballgott bis zum Polithai, aus dem auch hier heiße Luft entweicht.

Den Küstenstreifen vorgelagert ist das große Dreigestirn deutscher Ferieninseln: Mallorca, Menorca und Ibiza, die selbst abgebrühteste Sonnenanbeter mit intakter Natur und blühenden Mandelhainen überraschen.

Costa Blanca und Costa Cálida – Weiße Küste und Heiße Küste – züngeln sich am Festland hinab bis Andalusien, wo sich die Pforten in die alten Reiche der Mauren öffnen. Mit Alhambra, Mezquita und Giralda haben Granada, Córdoba und Sevilla grandiose Bauten aus islamischer Zeit bewahrt. Für die Zugkraft des tiefen Südens stehen Costa del Sol und weiße Dörfer, das lauschige Ronda und Naturparks wie El Torcal. Auch Schnee gibt es: bei den Jetset-Treffs an der Sonnenküste zum Beispiel und – so richtig – in den Höhen der Sierra Nevada, die sich südöstlich von Granada um den weißen 3500-Meter-Riesen Mulhacén ausbreitet.

DES MITTELMEERES

Unten:
Rund 1,2 Millionen Besucher zieht es alljährlich in Barcelonas Sühnekirche Sagrada Família. Der in den frühen 1880er Jahren begonnene Bau zählt zu den Meisterwerken des katalanischen Jugendstilarchitekten Antoni Gaudí (1852–1926) und ist bis heute nicht vollendet.

Rechts:
Einfach herrlich verrückt hat Antoni Gaudí seine Werke konzipiert, die allesamt im katalanischen Jugendstil, dem Modernisme, gehalten sind: hier das Pförtnerhaus des Parc Güell.

Ganz rechts:
Die filigranen Türme der Sagrada Família zeigen die phantasievollen Details des katalanischen Modernisme von Antoni Gaudí.

Rechts:
Der als seitlich offene Markthalle gedachte »Saal der hundert Säulen« steht in dem 1900 bis 1914 als Gartenstadt konzipierten Parc Güell.

Sanctus
Sanctus
Sanctus

Links:
Überall in Barcelona vermischen sich Kunst und Alltag: Frank O. Gehrys Fischskulptur liegt beim festlich beleuchteten Olympiahafen.

Unten:
Barcelonas Palau de la Música Catalana geht auf den katalanischen Jugendstilarchitekten Lluís Domènech i Montaner zurück und gehört zum Weltkulturerbe der UNESCO. Der Musikpalast fasst 2000 Zuhörer, die Akustik gilt als perfekt.

Links:
Der traditionsreiche Wochenmarkt Barcelonas Mercat de la Boqueria stößt unmittelbar an die Flanierpromenade Rambles.

Unten:
Surrealistischer Anblick: Cadillac mit Kühlerfigur im Innenhof des Dalí-Museums von Figueres, in dem man nicht mit alltäglichen Ansichten rechnen darf.

Rechts:
»Wo, wenn nicht in meiner Heimatstadt, soll das Extravaganteste meines Gesamtwerkes erhalten bleiben« sagte Dalí und trieb seine Fantasien im Teatre-Museu von Figueres auf die bunte Spitze. Das Gebäude wird außen von überdimensionalen Eiern geschmückt.

Links:
Das 2000-Einwohner-Städtchen Cadaqués an der Costa Brava ist eng mit Spaniens Vorzeige-Exzentriker Salvador Dalí (1904–1989) verbunden. Dalís Vater besaß hier ein Landhaus, das Denkmal an der Strandpromenade ist dem Sohn gewidmet.

Oben:
Ein Kuriositätenkabinett ist das Teatre-Museu Salvador Dalí, von dem er sagt: »Dieses Museum darf nicht als einfaches Museum betrachtet werden; es handelt sich vielmehr um einen gigantischen, surrealistischen Gegenstand.«

Rechts:
Natürliche Schätze der Costa Brava: Tossa de Mar mit der felsigen Landspitze Cap de Tossa. Das Städtchen Tossa ist noch von einer im 13. Jahrhundert errichteten Wehrmauer umgeben.

Rechts:
Ein Kleinod für Freunde kleiner Badebuchten ist das im Gemeindegebiet von Begur gelegene Sa Tuna.

Rechte Seite:
Das Bergkloster Montserrat liegt rund 60 Kilometer nordwestlich von Barcelona inmitten der von steinernen Kloben, Kegeln und Türmen durchsetzten Serra de Montserrat. Es gehört zu den bekanntesten Wallfahrtsstätten Spaniens, die Gläubigen verehren hier eine »Schwarze Madonna«.

SPANIENS EROBERER

Seine Nussschale war keine acht Meter breit und 30 Meter lang. Der Admiral dünstete in der Kajüte aus, die Mannschaft im Schiffsbauch neben verseilten Wasserfässern und Vorräten. Hygiene gleich Null, Toiletten Fehlanzeige an Bord der »Santa María«. Auf ihr nahm Christoph Kolumbus 1492 Kurs auf Indien, kreuzte den Atlantik und entdeckte Amerika. Ein nautisches Meisterstück, aber ein Zufallstreffer, den die Spanier bis heute in ihren Historienschinken verklären.

Was heißt »entdeckte Amerika«? Amerika war vorher da, längst gesichtet von den Wikingern und seit Menschengedenken besiedelt von Arawakvölkern und Menschen fressenden Kariben. Was soll's, für die Spanier ist Kolumbus ein Mythos geblieben. Dass er Italiener und des Spanischen nicht so recht mächtig war, spielt keine Rolle. Hauptsache, er hatte die »Neue Welt« im Namen ihrer Krone in Besitz genommen. Bei der ersten seiner vier abenteuerlichen Reisen gründete er im heutigen Haiti das Fort La Navidad, auf seiner zweiten (1493–1496) spürte er Puerto Rico und Jamaika auf, bei seiner dritten (1498–1500) bekam er das südamerikanische Festland zu Gesicht, erreichte bei seiner vierten (1502–1504) Mittelamerika, erlitt vor Jamaika Schiffbruch und kehrte krank nach Spanien zurück. Vom Glauben beseelt, Indien entdeckt zu haben, schloss Kolumbus 1506 in Valladolid für immer die Augen – und blieb ein Unruhegeist. Die sterblichen Reste des Genuesen gingen on tour, machten Station in der Dominikanischen Republik und Kuba, trafen nach der kubanischen Unabhängigkeit 1898 wieder in Spanien ein und wurden in der Kathedrale von Sevilla bestat-

tet. »Falsch« und »zwischendurch Sarg vertauscht«, sagen die Dominikaner und sind stolz auf ihr Kolumbus-Grab in Santo Domingo.

GROSSE ENTDECKER – GETRIEBEN VON GOLDGIER

Im Kielwasser des Kolumbus strömten »richtige« spanische Seefahrer vom Schlag eines Juan Sebastián Elcano (1486–1526) über die sieben Meere. Elcano glückte die erste Weltumsegelung, unter seinem Namen setzt heute das Schulschiff der spanischen Marine die Segel. Eine Entdeckernatur ganz anderer Art war Vasco Núñez de Balboa (1475–1517), der 1513 in wochenlangem Marsch die Landenge von Panama überquerte, als erster Europäer in den Pazifik vorstieß und ihn »Südsee« taufte. Wobei es Balboa weniger um einen Platz im Geschichtsbuch als um gut gefüllte Taschen ging – mit Gold nämlich.

Das Phänomen der krankhaften Goldgier verbindet Balboa mit zwei Konquistadoren aus der Extremadura: Hernán Cortés (1485–1547) und Francisco Pizarro (1478–1541). In Mexiko unterwarf Cortés 1519–1521 das Reich der Azteken, ab 1532 löschte Pizarro das Inka-Imperium aus. Pizarro brachte es vom Schweinehüter bis zum Generalkapitän von Peru, der weder vor Massenblutbädern noch einem der feigsten Morde der Weltgeschichte zurückschreckte. Dem eingekerkerten Inkaführer Atahualpa sicherte er die Freiheit zu, wenn es ihm innerhalb von zwei Monaten gelänge, seinen Haftraum mit Gold zu füllen. Atahualpa hielt Wort, Pizarro ließ ihn erdrosseln. Besessen vom Gedanken alleiniger Macht, räumte er Jahre später Miteroberer Diego de Almagro (1475–1538) aus dem Weg. Dass Pizarro letztlich von Anhängern Almagros ermordet wurde, mag einem gerecht vorkommen.

Ganz links:
Kolumbus bei seiner Landung auf San Salvador, einer Insel der Bahamas. Sogleich nahm er sie im Namen der spanischen Könige in Besitz und zog am Strand ein Kreuz auf.

Links oben:
Zwischen La Rábida und Huelva hat man Vorzeigeentdecker Christoph Kolumbus – spanisch Cristóbal Colón – ein gewaltiges Monument am Río Tinto gewidmet.

UND ENTDECKER

Unten: *So sahen sie aus, die Schiffe mit denen Kolumbus 1492 Richtung »Neue Welt« aufbrach. Es sind originalgetreue Nachbauten, die nahe dem Kloster La Rábida im Freilichtmuseum Muelle de las Carabelas, Provinz Huelva, in einem kleinen Bassin liegen.*

Rechts oben: *Francisco Pizarro (1478–1541) kommt das zweifelhafte Verdienst zu, das Inkareich rasch und brutal zu Fall gebracht zu haben. Er wurde später in Lima ermordet.*

Rechts unten: *Nicht zu bremsen war die Goldgier der Konquistadoren. Die reichen Geschenke des Aztekenherrschers Montezuma brachten den grausamen Hernán Cortés erst recht auf den Plan.*

Solcherlei Selbstzerfleischung war die Ausnahme. In Lateinamerika unterwarfen Spaniens Eroberer die Einheimischen, schickten sie gnadenlos in Gold- und Silberminen und rotteten ganze Völker aus. Einer, der das Wort für die Schwächeren erhob und die Gräuel seiner Landsleute anprangerte, war der Missionar Bartolomé de Las Casas (1474–1566). In seinem »Kurzgefassten Bericht von der Verwüstung der Westindischen Länder« hat er schonungslos Zeugnis von der willkürlichen Gewalt der Konquistadoren abgelegt: »Sie wetteten miteinander, wer unter ihnen einen Menschen auf einen Schwertstreich mitten voneinander hauen, ihm mit einer Pike den Kopf spalten oder das Eingeweide aus dem Leibe reißen könne. Neugeborenen Geschöpfchen rissen sie bei den Füßen von den Brüsten ihrer Mütter, und schleuderten sie mit den Köpfen wider die Felsen.«

Rechts:
Die kalkweiße Kirche von St. Miquel de Balansat unterstützt den Eindruck von Ibiza als »Weiße Insel«, die maximal nur 41 Kilometer lang ist.

Unten:
Ungewohnte Ansichten für den, der auf Ibiza nur volle Strände und brodelndes Highlife erwartet: die Cala Comte mit dem Blick hinüber zur Illa d'Es Bosc.

Oben:
Ibizas Hauptort Ibiza-Stadt zieht Besucher mit ihrer von der Kathedrale samt Glockenturm aus dem 13. Jahrhundert geprägten Altstadt in ihren Bann.

Links:
Die Oberstadt, Dalt Vila, von Ibiza-Stadt hat mit ihren pittoresken Gassen noch eine urtümliche mittelalterliche Atmosphäre bewahrt.

Rechts:
Unweigerlich drückt das Meer der knapp 3700 Quadratkilometer großen Baleareninsel Mallorca seinen Stempel auf: der Fischerhafen von Porto Colóm.

Rechts:
Flanieren unter Palmen an der Hafenpromenade von Port d'Andratx, einem Fischerei- und Jachthafen am Ende einer langen schmalen Bucht an der Westküste Mallorcas.

Rechte Seite:
Die Silhouette der Hauptstadt Palma de Mallorca wird von der Kathedrale bestimmt, die über dem Hafen zu schweben scheint. Sie ist eines der wichtigsten Bauwerke der Spätgotik.

PACO el LOCO
3-PM-1-1815

8 VENTS

Seite 42/43:
Da macht Bummeln, Schauen und Genießen auf Menorca so richtig Spaß! Im westlichen Ciutadella liegen Rathaus und Fischerhafen auf engstem Raum beieinander.

Links:
Typisch für Menorca sind auch die versteckten kleinen Buchten wie die Cala Mitjaneta, deren glasklares Wasser zum Baden einlädt.

Links:
Herrliche Bademöglichkeiten auf Menorca bietet auch die bei Binibequer Vell zu findende Cala Es Caló Blanc.

Linke Seite:
Auf Menorca, der zweitgrößten und nördlichsten Baleareninsel, sind die Felsenküsten von Höhlen wie der bei Cala en Porter gelegenen Cova d'en Xoroi durchlöchert.

inks:
m Abendlicht zeigt sich evillas Plaza de España on ihrer prächtigsten eite. Der weite Platz mit einen Arkaden und Kanä- en wurde für die Ibero- merikanische Ausstellung 929 angelegt.

)ben:
n Sevilla, direkt an den Jfern des Río Guadal- uivir, erhebt sich die im 13. Jahrhundert zum Schutz des Flusshafens errichtete Torre del Oro. Wörtlich bedeutet das »Goldturm«; vermutlich war er einst mit vergol- deten Platten belegt.

Rechte Seite:
Spanische Fiestaszenen: Klar, dass man sich bei der Feria de Abril in Sevilla hoch zu Ross und in seinen besten Trachten zeigt.

Rechts:
Bei ihren Fiestas sparen die Spanier an nichts und setzen überschäumende Energien frei. Die andalusische Pferdestadt Jerez de la Frontera ist Schauplatz der lichterfüllten Feria del Caballo.

Rechts:
Während der Feria de Abril in Sevilla gibt es unter den Flamenco- und Sevillana-Tänzerinnen kein Halten mehr.

Seite 50/51:
Ein weltweiter kultureller Höhepunkt erwartet Besucher hoch über Granada. Hier haben die maurischen Herrscher ein Glanzstück ihrer Architektur hinterlassen, das man in seiner Gesamtheit am besten von den Aussichtspromenaden im Stadtviertel Albaycín einsieht. Ganz rechts auf dem Alhambra-Plateau liegt die Vorburg Alcazaba.

ALHAMBRA – EIN MÄRCHEN

Es roch nach Myrten und Jasmin. In den Gärten reiften Orangen und Feigen, in kleinen Kanälen und Brunnen gluckste und gurgelte Wasser und spielte die Melodie des Lebens. Über die kühlen Steinböden des Palastes schwebten die Haremsdamen und trippelten, so es der Sultan wünschte, geradewegs hinein in die Gemächer Ihrer Majestät oder einen Stock abwärts zu den Bädern. Die Alhambra in Granada – ein irdischer Garten Eden, ein Märchen aus Tausendundeiner Nacht! Und welch ein Springquell islamischer Kunst und Kultur auf spanischem Boden!

Hoch über dem Flusstal des Darro thront sie auf einem Vorgebirgskamm der Sierra Nevada: die Alhambra, zum Weltkulturerbe erhobener Palast- und Festungsbau der Nasriden. Wer zu ihr aufschaut, glaubt an eine uneinnehmbare militärische Feste. Der turm- und mauerbewehrte Mantel zeigt Zähne aus Zinnen, wie ein Schiffsbug stößt die Vorburg Alcazaba heraus und verschafft sich mit ihren trutzigen Wachttürmen Respekt. Bis zu 40 000 muslimische Streiter konnte der befestigte Höhenrücken aufnehmen, vom Paradies ihrer Herrscher wussten die meisten nur vom Hörensagen. Was äußerlich abschreckte, barg im Innern ein labyrinthisches Traumschloss. Verwinkelte Gänge führen zum Patio de los Arrayanes, einem Prunkhof, in dem sich der Vorhang zum Orient öffnet und den Blick freigibt auf ein Mosaik aus Hufeisenbögen, Stuckarabesken und buntglasierten Kacheln. Höhepunkt des architektonischen Zuckerbäckerwerks ist der Löwenhof, Patio de los Leones, Dreh- und Angelpunkt der privaten Sultansresidenz und eine Oase aus Säulenwäldern. Rundherum legen sich filigrane Galerien, bedeckt und überspannt von reichen Ornamenten, die wie Stalaktiten hinabtropfen.

Überall im Palastbezirk stößt man auf steinerne Spruchbänder, die Allah loben und preisen und die Nachlässigen zum Gebete mahnen. Aus anderen Inschriften strömt die poetische Kraft des Dichters Ibn-Zamrak. »Ich bin der Garten, der die Schönheit verziert / sie einfach anzusehen, sonst nichts, wird dir meine Bedeutung erklären«, heißt es an einer Stelle im Löwenhof.

LUSTSITZ UND ZUGLEICH TAGUNGSORT DES GERICHTS

Jeder Teil der Alhambra erfüllte seine bestimmte Funktion. Im Mexuar tagten der Rat des Monarchen und das Gericht, das »Goldene Zimmer« (Cuarto Dorado) war für Empfänge hochgestellter Personen bestimmt, in der Sala de los Embajadores traten Gesandte dem Herrscher entgegen – konnten ihm aber nicht in die Augen sehen, da sein Thron genau gegenüber an der Fensterfront im Gegenlicht stand. Ein Stück oberhalb des Kernkomplexes lag der Generalife, ein mit Blumen und Wasserspielen aufgelockertes Areal, das den Nasriden als Lustsitz diente.

Links oben:
Der Blick von dem Silla del Moro auf die abweisenden Mauern der Alhambra lässt nicht ahnen, welch verschwenderische Pracht sich hinter den Mauern verbirgt.

Links unten:
Wasserspiele und herrlich gepflegte Gartenanlagen prägen den etwas oberhalb der Alhambra gelegenen Generalife, den einstigen Lustsitz der nasridischen Potentaten.

Unten:
Hinter den trutzigen und stark bewehrten Mauern des Alhambra-Komplexes verbergen sich Kunstwerke von einzigartiger Schönheit, wie der von einem Säulenwald umstandene Löwenhof.

Rechts oben:
Zu den vielen Höhepunkten der Alhambra zählt die äußerst filigrane Kuppel der Sala de las dos Hermanas.

Rechts unten:
Säulen und schwerelos wirkende, schimmernde Gewölbe lösen die strenge Gerade von Wand und Decke im Löwenhof auf.

Das Wunderwerk der Alhambra geht im Wesentlichen auf das 13. und 14. Jahrhundert zurück. Als besonders fleißige Baumeister traten Yusuf I. und Mohammed V. hervor. Letzter in der Herrscherriege war Boabdil, der hilflos mit ansehen musste, wie sich die Grenze der Reconquista auf seinen letzten Reichszipfel zuschob. In Santafé, ein paar Kilometer westlich von Granada, schlugen die christlichen Heere ihr Camp auf und begannen, die Stadt zu belagern. Ob Boabdil weise oder einfach feige war, ist nicht geklärt. Auf jeden Fall unterschrieb er den Kapitulationsvertrag, vermied ein Blutbad und machte den Weg frei für die Katholischen Könige. Am 2. Januar 1492 zogen sie in Granada ein und verfolgten ergriffen das feierliche Zeremoniell ihrer Würdenträger auf der Torre de la Vela, einem Turm der Alcazaba. Als Zeichen des Sieges zogen Adels- und Kirchenvertreter Königsbanner und Christuskreuz auf.

Und Boabdil? Als Geschlagener entfernte er sich gen Süden und erreichte eine kleine Anhöhe, die man seitdem »Suspiro del Moro« nennt, »Seufzer des Mauren«. Sein Atem ging schwer, als er den Blick zurück auf sein geliebtes Granada richtete und eine Träne verdrückte – was Boabdils Mutter Aischa in Rage versetzte. Sie spuckte Gift und Galle und verfluchte ihren Sohn: »Was flennst du wie ein Weib um eine Stadt, die du als Mann nicht verteidigt hast!«

Ganz links:
Am Ziel: vor der Wallfahrtskirche El Rocío, in der die Gläubigen das Marienbildnis der Virgen del Rocío verehren.

Links Mitte:
Nach einem langen und beschwerlichen Weg: Ankunft der Wallfahrer in El Rocío, das in der Provinz Huelva liegt.

Links:
Auch die Wüste des Nationalparks Doñana kann die Wallfahrer auf ihrem Weg nach El Rocío nicht aufhalten.

Unten:
Alljährlich zu Pfingsten gibt es für Wallfahrer aus ganz Andalusien nur ein Ziel: das staubige Örtchen El Rocío. Mit geschmückten Ochsenkarren geht es unter sengender Sonne dem Sehnsuchtsziel entgegen.

Rechts:
Das Hinterland Andalusiens lädt zu vielfältigen Entdeckungen ein. In der charmanten Kleinstadt Antequera steigt man auf zur Burg, die 1410 als erste von den christlichen Heeren zurückerobert wurde.

Rechts:
Frigiliana in der Provinz Málaga zeigt sich als weißes Dorf par excellence. Mit seinen weiß gekalkten Häuserfassaden liegt es in der Nähe von Nerja.

Rechte Seite:
Mitten durch Ronda schneidet sich die Schlucht des Río Guadalevín, die man auf der Puente Nuevo aus dem 18. Jahrhundert überqueren kann.

DOMECQ
MEXICO
V-11-74
DOMECQ
DOMECQ
8-4-52
¡VIVA MI TIERRA!
DOMECQ
Jun 10 '48
DOMECQ
MARIA CRISTINA
17 DE MAYO 1902
FUNDADOR
1871
OLOROSO
AÑADA 1871

Linke Seite:
Jerez de la Frontera und El Puerto de Santa María sind die Hochburgen des Sherry, der auf spanisch schlichtweg Jerez heißt. In Traditionsbodegas wie Domecq (unten) und Osborne (oben links und rechts) produziert man die edlen Likörweine, deren Alkoholgehalt im Regelfall zwischen 15 und 21 Prozent schwankt. Man unterscheidet die trocken-blassgelben »finos« und »manzanillas«, die etwas dunkleren »amontillados« sowie die süßeren, goldfarbenen »creams« und »olorosos«.

Oben:
Die Stadt Jerez de la Frontera zieht Besucher nicht allein durch Sherry-Bodegas in ihren Bann. Es gibt eine große maurische Burg, gemütliche Gassen und prächtige Plätze wie die mit Wasserspielen aufgelockerte Plaza del Arenal. Im Zentrum des Platzes erhebt sich das Reiterdenkmal zu Ehren von Miguel Primo de Rivera.

IM GEOGRAFISCHEN

In den Weiten der Mancha und vom Flusstal des Tajo umzogen, bündelt die 70 000-Einwohner-Stadt Toledo ihre monumentale Pracht auf dem Altstadthügel. Weithin sichtbare Wahrzeichen sind der Alcázar und die Kathedrale mit ihrem 90 Meter hohen Turm.

Mittendrin Madrid, Spaniens Nabel. Eingefasst in die berühmt-berüchtigte Meseta, eine Hochebene, über der winters beißende Kälte und sommers höllische Glut steht. Im geografischen Herzen des Landes laufen die Fäden aus Verkehr und Wirtschaft zusammen, aus Politik und Kultur, aus Macht und Bürokratie. Der Drei-Millionen-Bienenkorb bündelt Stau- und Abgasgeschädigte en masse und einen inflationären Aufgalopp an Amtsschimmeln und artverwandtem Schreibtischgetier – und überrascht mit einem überbordend südländischen Hang zur »buena vida«, dem »guten Leben«! Madrileños wissen doppelt und dreifach zu genießen, was sie an und in ihrer Stadt haben. Herrliche Plätze und Parks, Museen von Weltruf, Musicaltheater und Gourmetrestaurants, Night- und Highlife mit Salsa-Diskos und »mucha marcha«, »da, wo richtig was los ist«. Dazwischen Zeitgeistler, die Zeichen der Zukunft setzen, ob Videokünstler und Filmemacher, ob Modeschöpfer und Komponisten.

Von einer der quicklebendigsten Metropolen Europas liegen einige Besuchsklassiker weniger als eine Fahrstunde entfernt: die Klosterresidenz El Escorial, das verwinkelte Altstadtplateau Toledos, das von Mauern umschlossene Ávila und Segovias römischer Aquädukt. Gen Westen verströmt die altehrwürdige Universitätsstadt Salamanca ihren magnetischen Reiz, während die Jakobuspilger weiter nördlich an den mächtigen Glaubensburgen von León und Burgos vorbeiziehen. Zu den unentdeckteren Schätzen zählen die südöstlich Madrids beginnende Mancha – genau dort, wo Cervantes' Romanheld Don Quijote gegen die Windmühlenflügel kämpfte – und die Extremadura, Spaniens dünn besiedeltes Armenhaus mit den reichen Weltkulturerbestätten Mérida und Cáceres.

HERZEN SPANIENS

Unten:
Das Häusermeer der Millionenmetropole und Hauptstadt Madrid hält sich trotz einzelner Ausreißer wie dem Palacio de las Comunicaciones an der Plaza de la Cibeles in relativ bescheidener Höhe.

Rechts oben
Mit Plätzen und Prunkbauten steht Madrid für ein monumentales Gepräge. Gemütlicher Vorzeigeplatz ist die Plaza Mayor mit der Reiterstatue von König Philipp III

Rechts Mitte:
Pflanzenfreunde erleben im Atocha-Bahnhof in Form der alten Wartehalle ihr grünes Wunder.

Rechts unten:
Die Stadtplaner haben in Madrid auch reichlich Platz für Grün gelassen. Erholungsbedürftige gehen im zentralen Retiro-Park mit dem Denkmal für Alfonso XII. auf eine Ruderpartie.

Rechts:
Warum die Madrileños in ihrer Stadt so gern ausschwärmen, wird Auswärtigen spätestens in solch urigen Tavernen wie der »Fontana de Oro« klar.

Unten:
Der Palacio de las Comunicaciones an der Plaza de la Cibeles beherbergt die Hauptpost Madrids. Er wurde 1919 beendet.

Oben:
Ein Platzensemble, auf dem sich in Madrid jeder wohl fühlt: die von Terrassencafés und –restaurants geprägte Plaza Mayor im Stil der Renaissance.

Links:
Zu den wichtigsten madrileñischen Citystraßen zählt die Calle de Alcalá, die von der Plaza de Cibeles abfließt.

Links:
Rund 50 Kilometer nordwestlich von Madrid wählte König Philipp II. im 16. Jahrhundert ein kühles Fleckchen Erde im Schatten der Sierra de Guadarrama als Ort für den Real Monasterio de San Lorenzo de El Escorial. Die Bibliothek des Klosters beeindruckt mit den um 1590 entstandenen Fresken.

Unten:
Da Philipp II. am Laurentiustag eine Schlacht gewann, stiftete er das fast überdimensionale Kloster El Escorial dem Heiligen. Von außen bezeichnend ist die Turm- und Kuppelsilhouette in strengem Renaissancestil.

Ganz unten:
In der barock gestalteten, königlichen Grabkirche, dem Panteón de los Reyes, haben zahlreiche spanische Herrscher ihre letzte Ruhestätte gefunden.

Seite 68/69:
Segovia mit seiner schönen Altstadt liegt auf einer Höhe von rund 1000 Metern. Prägnant ragen der Alcázar und der knapp 90 Meter hohe Kathedralturm aus dem städtischen Ensemble auf.

Oben:
Salamanca ist eine urspanische Stadt, deren historisches Viertel zum Weltkulturerbe der UNESCO zählt. Das Portal der Universität zeugt von ihrer großen Bedeutung in der Vergangenheit. Sie wurde bereits 1215 gegründet.

Rechts:
Die strenge Fassade der aus dem 15. Jahrhundert stammenden Casa de las Conchas wird durch Jakobsmuscheln aufgelockert. Der Palais ist ein Kleinod isabellinischer Gotik und beherbergt heute eine Bibliothek.

Oben:
Die Glasfensterpracht der Kathedrale von León ist einzigartig in Spanien. Die ältesten Glasmalereien stammen bereits aus dem 13. Jahrhundert, die jüngsten des 15. Jahrhunderts sind bereits von der Renaissance beeinflusst.

Links:
In der am Stadtrand von Burgos gelegenen Cartuja de Miraflores steht das Alabastergrabmal von Juan II., Vater der »Katholischen Königin« Isabella. Es wurde Ende des 15. Jahrhunderts von dem Flamen Gil de Siloé geschaffen.

.inke Seite:
:s ist nicht alles Gold, vas im Licht der kasti-isch-leonesischen Provinz León glänzt.)der doch? Hier, in den Montes Aquilianos, liegt as von den Römern über 200 Jahre lang aus-gebeutete Goldminengebiet Las Médulas. Über die bizarre Felslandschaft verteilen sich zahlreiche Schachteingänge.

Unten:
In Kastilien, dem geografischen Herzen Spaniens, bestimmen die unendlichen Weiten der Meseta das Bild.

Seite 72/73:
Weltkulturerbe Ávila: Der städtische Ringwall (Las Murallas) schließt einen großen Teil der verwinkelten Altstadt in sich ein, verläuft über eine Länge von 2,5 Kilometern und ist durchschnittlich zwölf Meter hoch und drei Meter dick.

Beide Bilder oben:
Traditionelle Land- und Viehwirtschaft, insbesondere die Schafhaltung, spielen eine nach wie vor große Rolle im ländlich geprägten Landesinneren Spaniens.

Unten:
Wer erinnert sich nicht an Don Quijote, den Ritter von der traurigen Gestalt, dessen literarischer Erfinder Cervantes ihn einst gegen Windmühlenflügel kämpfen ließ? In der Großregion Castilla-La Mancha, hier in Campo de Criptana, drehen sie sich wirklich.

Rechts
Wie Sand am Meer finde man in Spanien alte Klöste und Burgen, die von eine großen Vergangenheit zeu gen. Das Kloster von Uclé in der Provinz Cuenc geht auf das 16.–18. Jahr hundert zurück

Rechts:
Die Geschichte der Festung von Peñafiel in der Provinz Valladolid lässt sich gar ins 14. Jahrhundert zurück verfolgen. Die Größe der Anlage erklärt sich durch ihre günstige strategische Lage.

Unten:

Die Kirche San Bartolomé bestimmt das Stadtbild von Jerez de los Caballeros in der Provinz Badajoz. Fassade und Glockenturm der Kirche sind mit vielen Keramikelementen verziert worden.

Rechts oben:
Zur Geschichte Spaniens gehören die kunsthandwerklichen Traditionen. In Toledo stellt man noch heute Einlegearbeiten mit Gold- oder Silberfäden her, die »damasquinados« genannt werden.

Rechts Mitte und unten:
Cáceres ist hingegen für die Fertigung von filigranem Gold- und Silberschmuck bekannt. Diese erlesenen Produkte heißen sprechenderweise »filigranas«.

Rechts:
Im Landesinnern hütet Spanien seine kleinen und großen Schätze. Das Kloster von Guadalupe in der Provinz Cáceres gilt als eines der bekanntesten Marienheiligtümer.

Rechts:
In der Altstadt von Cuenca drängen sich die Häuser spektakulär nah an die Júcar-Schlucht heran. Da die Huécar-Schlucht ebenfalls das Felsplateau der Stadt begrenzt, drängen sich die Häuser eng und hoch zusammen.

Rechte Seite:
Das Júcar-Tal in der Provinz Albacete ist von malerischen Orten wie Alcalá del Júcar gesäumt. Das Dorf erstreckt sich am Hang eines steilen Felsens zwischen Burgturm und Kirche.

S P A N I E N S

Alljährlich zwischen Mai und Juli stehen in Galicien die »curros« an. Dabei handelt es sich um den Abtrieb und das Einpferchen halbwilder Pferde, hier beim Curro de Morgadanes von Gondomar.

Alle reden vom Wetter. Wir auch. Speziell in Spaniens grünem Norden, wo jeder dritte Tag als Regentag in die Statistik einfließt. Immer wieder lasten schwere Wolkenmassen über dem Atlantik, schieben sich in Windeseile auf die Küsten zu und wässern Weiden, Weinstöcke, Eukalyptus- und Kiefernhaine. Selbst an sonnigen Tagen verlässt ein mit allen Wassern gewaschener Galicier sein Haus nicht ohne Schirm. In der heiligen Stadt Santiago de Compostela begegnet man den Gratisduschen mit kunsthistorisch durchtränktem Galgenhumor und ordnet sie zwischen feinem gotischen Niesel- und barock überladenem Dauerregen ein.

Rau (aber herzlich) wie das Wetter zeigen sich Menschen und Landschaften. Die wilden galicischen Kaps Finisterre und Touriñán schieben sich tief in die See hinein, versteckte Strände reichen von einer Klippe zur nächsten, in Kantabrien und Asturien ragen die verkarsteten Spitzen der Bergriesen Picos de Europa mehr als 2500 Meter hoch auf. Inmitten eines riesigen Natur- und Kulturpotenzials scheint der Entdeckungsspielraum unerschöpflich. Der Jakobsweg führt an einer Fülle von Kirchen- und Klosterschätzen vorbei zum Apostelgrab nach Santiago de Compostela, in Bilbaos Museum Guggenheim geht man der modernen Kunst auf den Grund, in der baskischen Küstenmetropole San Sebastián schwebt man im besten Alt-Bohème-Stil über die Promenaden. Im Hinterland stößt man zu den Weinbaugebieten der Rioja vor, verfolgt bei Pamplonas Megafiesta Sanfermines im Juli den weltberühmten Aufgalopp der Stiere durch die Altstadt und lässt sich weiter landeinwärts vom schroffen Zauber der Pyrenäen einfangen. Kenner schwören: Spaniens Norden ist keine stürmische Liebe für einen kurzen Sommer, sondern der Beginn einer langen Freundschaft.

GRÜNER NORDEN

Linke Seite:
In etwa 30 Kilometern Entfernung zum Meer ragt der raue Gebirgsstock Picos de Europa, das höchste Bergmassiv des Kantabrischen Gebirges, mit klobigen Gipfeln wie dem Peña Olvidada auf.

Links:
Im Gebiet der Picos de Europa, hier im Dorf Lamedo, findet man noch die alten traditionellen Holzgehöfte der Gebirgsbauern.

Links:
Uralte Steinbrücken, wie in Potes, ermöglichen Verbindungen zwischen den alten Dörfern in dem von Schluchten geprägten Gebiet der Picos de Europa.

Rechts:
Von der Sonne gereift wird der Wein auf den Feldern des Monasterio de la Estrella in Spaniens kleinster Festlandregion La Rioja. Der weltberühmte Rebensaft gründet sich auf gesunde, kalkhaltige Böden.

Unten:
Das Städtchen Haro gilt als riojanische Metropole des Weins und erlaubt Einblicke in Weinkellereien wie die Bodegas Muga.

Oben:
Haro – hier die Plaza de la Paz – ist durch die Produktion der bekannten Riojaweine reich geworden. Das lässt sich noch heute an der Vielzahl der Herrenhäuser ablesen.

Links:
Der liebevoll dekorierte Innenhof gehört zur Weinkellerei Bodegas Muga in Haro, dem Hauptort der Rioja Alta.

TAUROMAQUIA –

Man schrieb den 30. August 1985. Für José Cubero – genannt El Yiyo – begann der Arbeitstag wie jeder andere. In der Arena von Colmenar Viejo begeisterte der hoffnungsvolle junge Matador die »aficionados« (Stierkampfanhänger) und setzte im Gefecht gegen Burlero treffsicher seinen Todesstoß. Eigentlich war der Kampf vorbei. El Yiyo drehte sich um, nahm die ersten Ovationen entgegen – während in den tödlich verletzten Burlero Leben zurückfuhr. Blitzschnell bäumte sich der 510-Kilo-Koloss auf und beförderte den Matador mit in die ewigen Jagdgründe. Ein Hornstich durch den Rücken ins Herz. El Yiyo war sofort tot – und sein Einzug in die Riege der Unsterblichen gesichert.

Spanier haben etwas übrig für solcherlei Tragik und modernen Heldenkult, der Tod eines Toreros erschüttert stets die Nation. Auf dem Vorplatz der »heiligen« Madrider Arena Las Ventas haben sie ihrem El Yiyo ein monumentales Bronzedenkmal gewidmet, im Stierkampfmuseum ziehen sie ergriffen am präparierten Kopf Burleros vorbei. Und verharren ebenso bewegt vor anderen Zeugnissen, denen der Hauch des Todes anhaftet: vor der Weste von Joselito, die er bei seinem letzten Kampf im Mai 1920 trug, und vor dem Transfusionsgerät, mit dem man Ende August 1947 vergeblich das Leben von Manolete zu retten versuchte. Um ein Haar hätte es Mitte 2001 in den Ventas Julián López alias El Juli erwischt, Spaniens neuen Stern am Torerohimmel. Der Stier rammte ihm die Hörner geradewegs durch den Oberschenkel – ein Bild, das durch alle TV-Sender ging. In Zeitlupe. Erster Wunsch El Julis nach der Operation: »Ich will so bald wie möglich wieder kämpfen!« Aus spanischer Sicht macht das den wahren Volkshelden aus.

STIERKAMPF IST LEIDENSCHAFT

In Spanien ist Stierkampf Leidenschaft – dass sie Leiden schafft (zumindest für das Tier) und sich in einem erzkatholischen Land abspielt, stößt bei Außenstehenden auf Unverständnis. Und dass der Torero vor Kampfbeginn in einer Kapelle sein Gebet spricht und himmlischen Beistand herbeifleht, um sogleich im Sand der Arena seinem blutigen Business nachzugehen, mag an Gotteslästerung grenzen. Mit der biblischen Messlatte des »Du sollst nicht töten« kommt man den Corridas nicht bei. Stierkampf ist Kunst, sagen die »aficionados«. Eine Kunst, »tauromaquia«, die man in Stierkämpferschulen erlernt und lange Jahre bei Gefechten mit Jungstieren (»novillos«) praktiziert,

Ganz links: *Stierkampfarenen wie die von Málaga nehmen einen gehörigen Platz im Gesamtstadtbild ein.*

Links oben: *Die Kunst der Corrida de Toros wird besonders deutlich bei einem »rejoneo«, einem besonders schwierigen Stierkampf zu Pferd.*

DIE KUNST DES STIERKAMPFS

Links Mitte:
Die übliche Kampfvariante ist jedoch die zu Fuß mit rotem Tuch und Degen, hier in der Arena von Jerez de la Frontera.

Links unten:
Die letzte Phase des Kampfes Mensch gegen Tier wird mit dem an einem Stock befestigten roten Tuch, der Muleta, eingeleitet.

Unten:
Gegner des Stierkampfes werden es in Spanien hinnehmen müssen, wie es ist. Die Corridas de Toros haben unverändert Tradition und die Toreros werden in der Arena wie Helden verehrt.

Rechts unten:
Die Stierkampfarena gehört zu den wichtigsten Bauten einer Stadt, wie hier in El Puerto de Santa María.

bis man am ersehnten Tag X die »alternativa« erhält, die Zulassung als Matador. Was folgt, ist eine Ochsentour durch die Provinz. Kämpfe in Arenen der B-Sortierung oder gleich auf der anderen Seite des Teiches in Mexiko oder Kolumbien. Nur die wenigsten schaffen den Aufstieg in den Kreis der Großen und Großverdiener, der hochstilisierten Helden mit »huevos« (Eiern) an der richtigen Stelle. Will heißen: mit »hodenhaftem Mannesmut«, bei dem man sich nicht scheuen darf, den wilden Stier beim Einlauf in spektakulärer Porta-Gayola-Pose zu empfangen: kniend vor dem Tor des Toril, nur mit dem Tuch vorm Körper. Einer mit »Eiern« in jener Machismowelt ist Jesulín de Ubrique, der Showman unter den Toreros, dem es während des Kampfes gelingt, den Stier zum Stillstand zu bringen und ihm die Hornspitze zu küssen. Mutprobe geglückt, die Spannung im Publikum entlädt sich in hysterischen Aufschreien und Applaus – Entertainment an der Schwelle zum Jenseits, Volksbelustigung ohne Netz und doppelten Boden und in althergebrachter Brot-und-Spiele-Tradition. Mit wehenden Tüchern und der Kraft ihres Beifalls werden sie am Ende beim Kampfpräsidium ein Ohr des Stiers als Lohn für Jesulín einfordern. Oder zwei. Oder, wenn er sensationell gut gekämpft hat, beide Ohren und den Schwanz. Vorausgesetzt, er geht während des 20minütigen Gefechts aufs Ganze, lässt den Koloss zentimetergenau an sich heran, zeigt die ganze Bandbreite seiner Bewegungsästhetik und vollendet den Todesstoß im ersten Versuch sauber bis zum Anschlag – der symbolische Sieg des Menschen über die ungebändigte Natur. Bei der Ehrenrunde wirft er Ohren und Schwanz ins Publikum. Souvenirs, Souvenirs.

COFRADIA·DE·JESUS·NAZARENO

Linke Seite:
Ein Härtetest für jedes Ohr sind die Trommeln, die in Calanda in der Provinz Teruel während der Karwoche geschlagen werden.

Links:
Ein einziges großes Trommeln findet in der Karwoche in Calanda statt. Die Karwoche ist das Kirchenfest im Jahr, an dem die größten Feierlichkeiten in Spanien stattfinden.

Links:
Nerven- und Konditionsstärke braucht es, um bei Spaniens Fiestas mitzumischen. Bei den Fiestas de San Fermín Anfang Juli in Pamplona rasen die Läufer mit den Kampfstieren durch die Altstadtgassen.

Seite 92/93:
Neuer europäischer Kulturpol am Río Nervión: das Guggenheim-Museum für Moderne Kunst im baskischen Bilbao. Belegt ist das einem Schiff gleichende Mega-Museum mit hauchdünnen Titanplatten, die je nach Lichteinfall silbern oder golden glänzen. Es ist ein Werk des berühmten nordamerikanischen Architekten Frank O. Gehry.

»Bateas« heißen diese Miesmuschel-Flöße, an denen die Meeresfrüchte unter Wasser an langen Seilen heranreifen. Verbreitet sind sie in fast jedem Meeresarm Galiciens, hier vor Vigo in der Provinz Pontevedra.

Die baskische Küstenstadt San Sebastián liegt an der Muschelbucht und steht für althergebrachte Eleganz. Herrlich flanieren lässt sich am Paseo de la Concha, der an vielarmigen Laternen vorbeiführt und sich nah über dem städtischen Hauptstrand hält.

Kleine Bilder links: *In Galicien wechseln sich flache Buchten, wie beim Strand von Vilanova (oben), immer wieder mit felsigen Abschnitten, wie bei Aldán (Mitte), ab. Die Höhenunterschiede bei Ebbe und Flut betragen mehrere Meter, beim Tiefststand kommt am Strand von Moaña sogar ein Bootswrack zum Vorschein(unten).*

nten:

ie von zahlreichen jorden unterbrochenen üsten Galiciens bringen s auf eine Länge von 300 Kilometern, über die sich – irgendwer hat es genau gezählt – 772 Strände verteilen. Einer davon ist die wildromantische Playa de la Lanzada.

inke Seite:
n der Kathedrale von antiago de Compostela egen mutmaßlich die erblichen Reste des postels Jakobus des lteren begraben. Seit em Mittelalter zieht es Wallfahrer aus ganz Europa in die große Pilgerkathedrale. Über dem Hauptaltar befindet sich das Jakobusbildnis, zu dem man auf einer rückwärtigen Treppe aufsteigt und es von hinten umarmt.

Unten:
Majestätisch ragt die Kathedrale aus der von der UNESCO zum Weltkulturerbe erklärten Altstadt von Santiago de Compostela auf. Die Hauptfassade aus Granit mit ihren Doppeltürmen wendet sich zur Plaza del Obradoiro und wurde vor das alte romanische Portal des Meisters Mateo gesetzt, um es zu schützen.

CAMINO DE SANTIAGO –

Wer mit der Magd nicht ins Heu will, muss büßen. Glaubt man der Legende vom »Hühnerwunder«, erging es so einem jungen Pilger, der seine Hormone standhaft zu bändigen wusste. Vor langer Zeit war er gemeinsam mit seinen Eltern auf Wallfahrt nach Santiago de Compostela und machte in der Rioja Station. Eben dort, im Gasthof von Santo Domingo de la Calzada, wies er die willige Magd zurück. Als Rache versteckte sie einen silbernen Becher in seinem Gepäck und klagte ihn des Diebstahls an. »Schuldig«, befand der Landrichter und verurteilte den Burschen zum Tode durch den Strick. Beim

Abschied von ihrem erhängten Sohn stellten die Eltern fest, dass er noch lebte und stürmten aufgebracht zum Richter. Dieser hatte sich gerade zum opulenten Tafeln niedergelassen und machte sich an einem gebratenen Hahn und einer gebratenen Henne zu schaffen. »Ha«, rief er höhnisch aus, »die Geschichte ist so wahr wie die Tiere vor mir lebendig sind.« Da wuchsen den beiden Flügel und der Hahn begann zu krähen ...

Kaum zu glauben, aber wahr: In der Kathedrale von Santo Domingo de la Calzada erinnert ein leibhaftiger Hühnerstall an das Wunder. Hoch über den Köpfen der Neugierigen und durch dickes Glas geschützt, liegt das bedrückend enge Reich eines weißes Hahns und einer weißen Henne. Dem Vernehmen nach tauscht man sie alle paar Wochen aus, doch Vielbesucher versichern, dass sich das Federvieh gleicht wie ein Ei dem andern.

Der Jakobsweg durch Spaniens Norden ist von Legenden gesäumt – und geht selbst auf ein Geflecht aus Wundern zurück, das im Jahre 44 mit dem Märtyrertod des Apostel Jakobus begann. In einer Nacht-und-Nebel-Aktion brachten seine Jünger die sterbliche Hülle auf ein Schiff, das Engelshand vom Heiligen Land übers Meer nach Galicien steuerte und am Ende Kurs auf die römische Siedlung Iria Flavia nahm. Mit dem Leichnam ging es auf einem Ochsenkarren ein Stück landeinwärts, wo Jakobus seine letzte Ruhe fand und sich allmählich Vergessenheit über die Grabstätte legte. Von wundersamen Lichtern geleitet, entdeckte der Einsiedler Pelagius das Grab zu Beginn des 9. Jahrhunderts wieder. König und Bischof beglaubigten den Fund, die Kunde ging wie ein Lauffeuer durch ganz Europa. Ein neues Wallfahrtsziel war geboren, das durch den Aufstieg des Jakobus zum Schutzpatron der Reconquista entscheidendes Gewicht erlangte.

DER GLAUBE VERSETZTE BERGE

Pilger aus aller Herren Länder nahmen den holprigen Weg unter ihre Sandalen, zogen scharenweise zum Apostelgrab in den äußersten Nordwestwinkel Spaniens und verwandelten Santiago neben Rom und Jerusalem zum wichtigsten mittelalterlichen Wallfahrtsziel der Christenheit. Getrieben von Abenteuerlust und Frömmigkeit, gingen einfache Handwerker und Bauern auf Achse, gefolgt von Adligen und Königen. Am Wege entstanden Orte und Spitäler, Klöster und Brücken, Kirchen und Einsiedeleien – eine einzigartige Dichte an Baudenkmälern, die die 750 Kilometer zwischen den Pyrenäenpässen Ibañeta oder Somport und der Sehnsuchtsstadt Santiago de Compostela in ein kunsthistorisches Open-air-Museum verwandelt haben. Zu den Schmuckstücken der Romanik zählen die Pilgerbrücke in Puente la Reina und das Sanktuarium Santa María de Eunate, Kirchenmacht auf dem Höhepunkt ihrer Zeit führen die gotischen Kathedralen von Burgos und von León vor Augen.

Links oben:
Von den Pyrenäen hinab zieht sich der Jakobsweg dem Ziel Santiago de Compostela entgegen. In Puente la Reina schreiten die Pilger noch heute über die romanische Brücke, die den Río Arga überspannt.

Links unten:
Im 16. Jahrhundert stifteten die Katholischen Könige in Santiago de Compostela das Pilgerhospiz Hostal dos Reis Católicos, inzwischen ei[n] Fünf-Sterne-Luxushotel

DER JAKOBSWEG

Jnten:
n einem Freibogen der Westfassade der Kathe-lrale von Santiago de Compostela erkennt man Apostel Jakobus den Älteren, der als typischer Pilger mit Mantel, Hut und Stab dargestellt ist.

Rechts oben:
Zum Pilgerset von anno dazumal zählten Hut, Umhang, Stab und Trink-kürbis. Allerdings war auf dem Jakobsweg auch allerhand übles Gesindel unterwegs, das sich gelegentlich als Pilger mit Jakobsmuscheln auf den Mänteln tarnte und arglose Wallfahrer um ihre Habe erleichterte.

Rechts unten:
Erster »praktischer Reiseführer für Pilger« war der Codex Calixtinus, der auf Wege, Tagesstrecken und Pilgerhospize einging.

Seit einigen Jahren erlebt der Jakobsweg (spanisch: Camino de Santiago) eine unglaubliche Renaissance. Ob spirituell, von Sportsgeist oder der Suche nach Selbstfindung beseelt, schieben sich Fuß- und Radpilger auf Santiago zu: durch das grüne Navarra und die Weinregion La Rioja, über die Dürregebiete Kastilien-Leóns und die Hügelwelt Galiciens. Unterkunft finden die Wallfahrer in eigens ausgewiesenen Herbergen. Ihr Motto damals wie heute: Der Weg ist das Ziel.

Zum Schluss des Rätsels Lösung, wie der unschuldige Bursche den Galgen in Santo Domingo de la Calzada überlebte. Ein unsichtbarer Zweiter, der heilige Dominikus von der Chaussee, hatte ihn auf seinen Schultern gestützt ...

Kleine Bilder links: *Schon vor Jahrhunderten waren die fleißigen Fischer von Galicien monatelang unterwegs. Noch heute landen sie ihre Fänge in kleinen Häfen wie Bueu (unten) und Combarro an (Mitte). Mit dem Ruderboot im Hafen von La Coruña (oben) wird man aber allenfalls den Grundstock für das Mittagessen heimbringen.*

Unten:
Galicien und das Meer – eine lange Geschichte in unendlich vielen Kapiteln. Ein Kapitel ist die Fischerei und die Fischereihäfen, die natürlich auch immer wieder für romantische Stimmung sorgen, zumal wenn – wie hier in Baiona – das Ganze durch ein Kastell abgerundet wird.

Unten:
Das galicische Küstenörtchen San Andrés de Teixido duckt sich an die Ausläufer der Serra da Capelada und wird von Wallfahrern aufgesucht, die in der Kapelle eine Reliquie des Heiligen Andreas verehren.

Rechte Seite:
Galiciens spektakulärste Klippenlandschaften liegen nordwestlich von Ortigueira, wo die Serra da Capelada ins Meer abstürzt. In vorchristlichen Zeiten erschauderte die Menschen vor de dramatischen Gegend un wiesen den Bergen un Felsen übernatürlich Kräfte zu

Oben:
Typisch für das ländliche Galicien: Eine Bank auf der Straße als öffentlicher Kommunikationsort.

Oben:
Die Heuernte wird in Galicien häufig noch auf ganz traditionellen Wägen mit Holzrädern und Kuhstärken eingefahren.

WER IST DIE SCHÖNSTE IM ARCHIPEL

Berge und Meer, die Hauptstadt Santa Cruz, der Teide und die Playa de las Teresitas: Das und vieles mehr ist Teneriffa, die sich als größte der Kanarischen Inseln über eine Fläche von rund 2000 Quadratkilometern ausdehnt.

Häufig trägt er seinen Sombrero, einen Hut aus Wolken, die ihn umspielen und Nordostpassat signalisieren. Erhaben ruht er da und hält seit 300 Jahren Siesta: der Teide, ein gigantischer Vulkan von 3718 Metern, die ihn zu Teneriffas und Spaniens höchstem Gipfel formen. Zuletzt begab es sich im Jahr 1706, dass das Massiv um den markanten Kegel seine glühende Lava meerwärts schickte und Teile des Hafenortes Garachico unter sich begrub. Aus dem Körper des Teide entweichende Schwefelrüchlein flößen Respekt ein und zeigen an, dass im alten Berg noch Leben steckt – doch macht er (vorerst) keinen Gebrauch davon.

Die Kanaren sind ein seltsames spanisches Anhängsel. Hineingewürfelt in den Atlantik und nah dran am afrikanischen Kontinent, liegt das Mutterland mehr als 1000 Kilometer entfernt. Dort reibt man sich die Hände, denn der blühende Fremdenverkehr auf den sieben entlegenen Inseln poliert die Wirtschaftsdaten auf. Sonnengarantie und mildes Klima, versteckte Buchten und lange Strände, Top-Hotels und eine facettenreiche Natur laden Millionen zum Kommen und Wiederkommen in die Urlaubsparadiese ein. Bleibt die Frage: Wer ist die Schönste im Archipel?

Jede der Inseln reizt auf ihre Art. Lanzarote ist die wüstenhaft-vulkanische mit den faszinierenden Feuerbergen des Nationalparks Timanfaya. El Hierro ist die kleine felsigschroffe, La Palma die wilde grüne mit Lorbeerwäldern und dem Kraterkessel Caldera de Taburiente, La Gomera die zerklüftete und palmenreiche, Fuerteventura die afrikanisch-trockene mit türkisfarbenem Badezusatz ihrer Buchten und Strände. Und auf den Sonneninseln Teneriffa und Gran Canaria gibt es für mitteleuropäische Bleichgesichter nichts Schöneres, als zur Winterszeit wieder richtig die Akkus aufzuladen.

– DIE KANAREN

Oben:
Zu den landschaftlichen Highlights auf Teneriffa zählt die Punta de Teno, eine Landspitze, die sich vom Gebirge weit ins Meer vorschiebt.

Rechts:
Wie ein Stückchen Sahara auf Gran Canaria wirken die Dünen von Maspalomas. Das 400 Hektar umfassende Dünengebiet steht unter Naturschutz.

Links:
Einen treffenden Namen hat die Playa de la Pared auf Fuerteventura: »Strand der Wand«.

Unten:
Kein Durchkommen für Schwimmer ist an den Lavafelsküsten El Hierros, wie hier in der wütenden Brandung an der Punta de Gutiérrez.

Unten:
Ihr vulkanischer Ursprung gibt der Kanareninsel Lanzarote ein ganz besonderes Gepräge: die magischen »Feuerberge« (Montañas de Fuego).

Rechts:
Typisch für Lanzarote ist auch der vulkanische Trockenfeldbau, der um La Geria für Weinkulturen genutzt wird.

Links:
Lanzarotes »Feuerberge« gehören zum Timanfaya-Nationalpark, den man bei Exkursionen mit Kamelen ansteuert.

Unten:
Nicht wegzudenken aus der jüngsten Geschichte Lanzarotes ist der Künstler César Manrique; sein ehemaliges Haus in Tahiche dient der Manrique-Stiftung.

Oben:
Auf El Hierro bringt das bei Frontera gelegene Museumsdorf Guinea den traditionellen Hausbaustil näher: aus Vulkanstein und Stroh.

Unten:
An Intensität und Glaubenseifer steht die Karprozession von La Laguna auf Teneriffa denen am Festland in nichts nach. Auch hier tragen die Büßer nach einem Brauch aus dem 14. Jahrhundert die spitzen Mützen.

Rechts:
Das Rathaus in Santa Cruz de La Palma, der Hauptstadt der Kanareninsel La Palma, beeindruckt durch seine herrliche Renaissancefassade mit Arkaden aus dem Jahre 1563.

Oben:
Auf den Prozessionen in der Karwoche, der Semana Santa, werden in La Laguna auf Teneriffa riesige Marienbildnisse im Kerzenschein durch die Gassen getragen.

Kleine Bilder links:
Natur in allen Facetten: das von Felskloben und -kämmen durchsetzte Anaga-Gebirge auf Teneriffa (oben), eine allen Winden ausgesetzte Kiefer im Naturpark Tamadaba auf Gran Canaria (Mitte), Lorbeerwälder im Garajonay-Nationalpark auf La Gomera (unten).

Unten:
Atemberaubende Ausblicke auf den Vulkankessel Caldera de Taburiente hat man bei La Cumbrecita auf La Palma. Der Kessel hat einen Durchmesser von acht Kilometern.

Seite 116/117:
Im Norden Lanzarotes schichtet sich die Famara-Steilküste auf und setzt mit ihren Falten und Furchen eindrucksvolle Kontraste zum Meer.

MAR DEL NORTE

3-TE-1-3687

La Gomera ist von tiefen Schluchten (barrancos) durchzogen. Um die verbleibende Fläche optimal zu nutzen, bleibt den Landwirten nichts anderes übrig, als ihre Anbauterrassen an die Hänge zu setzen.

Nicht minder Schwindel erregend geht es auf La Palma am Kraterrand des acht Kilometer umfassenden Caldera de Taburiente zu – gerade noch hält sich ein Lorbeerbaum in den Höhen.

Stolz und mächtig beherrscht der Teide Teneriffa. Der Vulkankegel ist mit über 3700 Metern die höchste Erhebung Spaniens.

Auf den Kanaren kann es karg und bizarr, aber auch himmelhoch blühend zugehen. Auf La Gomera sorgen Drachenbaum und Mandelblüte für Farbkompositionen der Natur.

Seite 120/121:
Ozean mit Häusermeer: Mit ihren rund 400 000 Einwohnern ist Las Palmas auf Gran Canaria die größte Stadt der Kanaren.

REGISTER

Costa
Ferrol
A Coruña
GALICIA
Rías Baixas
Cabo Fisterra
Lugo
Santiago de Compostela
Pico de Miravalles 1.969 m
Miño
Sil
Pontevedra
Ourense
Vigo
Atlantischer Ozean
Porto
Coimbra
PORTUGAL
Lissabon
Badajoz
Aya-monte
Huelv
Costa de
N

Golf von Biscaya
Costa Vasca
FRANKREICH
Toulouse
Biarritz
Gijón
Santander
Laredo
San Sebastián
(Donostia)
Torrelavega
Bilbao
(Bilbo)
CANTABRIA
PAÍS VASCO
Picos de Europa
2.648 m
Cantábrica
Ebro
Vitoria
(Gasteiz)
Pamplona
(Iruñea)
Miranda
de Ebro
NAVARRA
León
Burgos
Logroño
Pyrenäen
Jaca
Huesca
Gállego
Pico de Aneto
3.404 m
ANDORRA
Perpignan
Golf von
Lyon
Figueres
Girona
Llobregat
Costa Brava
Esla
Palencia
Sistema Ibérico
Ebro
ARAGÓN
Cinca
CATALUNYA
Manresa
Mataró
Tarrasa
Barcelona
CASTILLA-LEÓN
Soria
Zaragoza
Lleida
Valladolid
Aranda de Duero
Zamora
Duero
Calatayud
SPANIEN
Daroca
Alcañiz
Tarragona
Tortosa
Costa Dorada
Segovia
Ávila
Cordillera Central
El Escorial
Guadalajara
Tajo
El Maestrazgo
Madrid
Teruel
Costa del Azahar
Menorca
Maó
Mallorca
Pico Almanzor
2.593 m
Aranjuez
Tarancón
Cuenca
Castellón
de la Plana
Palma
de Mallorca
Toledo
VALÈNCIANA
Sagunto
Tajo
Motilla
del Palancar
Requena
Turia
València
Trujillo
CASTILLA-LA MANCHA
Alcázar
de S. Juan
Golf von
València
Júcar
Ibiza (Eivissa)
EMADURA
La Mancha
Albacete
Ibiza (Eivissa)
Guadiana
Ciudad Real
Jávea
(Xàbia)
Alcoy
Formentera
Valdepeñas
Puertollano
Alcaraz
Benidorm
Balearen
Peñarroya-
Pueblonuevo
Morena
Béticas
Alicante
(Alacant)
Elche (Elx)
Andújar
Linares
Sierra de Segura
Murcia
Córdoba
Sagra
2.383 m
ANDALUCÍA
MURCIA
Guadalquivir
Jaén
Lorca
Cartagena
Cabo de Palos
Costa Blanca
Écija
Sevilla
Genil
Cordillera
Baza
Águilas
Granada
Antequera
Vélez-
Málaga
Sierra Nevada
Almería
Costa
Ronda
Málaga
Motril
Adra
Roquetas
de Mar
Cabo de Gata
Marbella
Torremolinos
Estepona
Costa del Sol
Mittelmeer
ALGERIEN
Algeciras
Gibraltar (GB)
Tarifa

Andalusien ist zwar das Gebiet von großen Kampfstierzüchtern, doch dieses stattliche Exemplar über Sonnenblumenfeldern der Provinz Cádiz gehört zur Marke »Osborne« – der traditionelle Werbegag des Sherryriesen.

Impressum

Buchgestaltung
hoyerdesign grafik gmbh, Freiburg

Karte
Fischer Kartografie, Fürstenfeldbruck

Reise durch Spanien / Andreas Drouve (Autor).
Jürgen Richter (Fotogr.) – Würzburg :
Verlagshaus Würzburg, 2001
ISBN 3-8003-1565-3

Printed in Germany
Repro: Artilitho, Trento, Italien
Druck: Konkordia Druck GmbH, Bühl
Verarbeitung: Josef Spinner Großbuchbinderei GmbH, Ottersweier

ISBN 3-8003-1565-3

Stürtz